AMOR A LA VERDAD

Si queremos construir un mundo mejor debemos aprender a ser auténticos y sinceros. Debemos, pues, transitar el camino de la verdad. ¿Qué significa esta palabra? La verdad consiste en hablar y actuar de acuerdo con lo que pensamos o sentimos. Es decir que, si sabemos o pensamos una cosa y a los demás les decimos otra, o no actuamos en forma consecuente, estamos faltando a la verdad, no somos sinceros.

Prefiero molestar con la verdad
que complacer con adulaciones.

Séneca

MW01526035

No hacer como el avestruz

Tan importante es la verdad para los seres humanos que, así como la aman, también la temen. Porque la verdad tanto puede darnos una gran alegría como sumirnos en el dolor. Por eso, ante una verdad dolorosa, muchas veces se la oculta o desfigura. Pero así lo único que se logra es retrasar su surgimiento, complicando más las cosas. El disimulo es una negación de la verdad, pero ésta siempre sale a la luz, tarde o temprano.

Hay un dicho muy popular que alude a quienes no quieren ver la verdad cuando les ocasiona un sufrimiento: "esconde la cabeza como el avestruz".

¿Cuál es su origen? Resulta que, cuando el avestruz es perseguido por algún enemigo más fuerte que él, primero corre con toda la velocidad que le permiten sus patas; pero, si se encuentra a punto de ser alcanzado, busca en el suelo cualquier agujero en el cual meter la cabeza. Cuando lo logra se considera a salvo, sin darse cuenta de que su enorme cuerpo queda a la vista del enemigo. Así nos puede pasar a nosotros cuando nos negamos a admitir aquello que sabemos que es cierto. Si bien podemos sentir miedo, reconocer la verdad nos permite superarlo.

> **Quien no quiere ver la verdad, se engaña a sí mismo.**

U. L. DUGROS

La verdad científica

Aquí nos encontramos ante algo más complejo, porque en las ciencias no hay verdades permanentes. Lo que hoy se considera una verdad, puede dejar de aceptarse como tal al producirse un nuevo descubrimiento.

En este caso, no es que los científicos hayan mentido, sino que, basados en conocimientos anteriores y en los medios con que contaban, habían elaborado una teoría que durante mucho tiempo fue considerada válida, hasta que la aparición de instrumentos más modernos y estudios más profundos demostraron su error, dando lugar al nacimiento de otra teoría.

Muchas veces los hombres se aferran demasiado a lo que durante largo tiempo se consideraron verdades científicas, y por eso rechazan los nuevos descubrimientos. Uno de los ejemplos más notables ocurrió en el siglo XVII con *Galileo Galilei,* el astrónomo italiano que manifestó su convencimiento de que la Tierra giraba alrededor del Sol. Imagínense: durante siglos se creyó que nuestro planeta estaba quieto en el espacio, en el centro, como el rey del universo, y que el Sol, las estrellas y todos los cuerpos celestes giraban alrededor de él. Los teólogos y sabios de esa época se escandalizaron, y obligaron a Galileo a reconocer públicamente que estaba equivocado. Pero cuando estaba solo, decía para sí mismo: *"Y sin embargo se mueve";* estaba seguro de que la Tierra no estaba quieta.

La verdad no puede ser acallada por la fuerza, ni disfrazada, ni cambiada, porque tarde o temprano se revela; así es como hoy todos sabemos que Galileo decía la verdad.

Somos veraces cuando decimos lo que pensamos. La verdad puede ser alegre o amarga, pero nunca es bueno ocultarla, negarla, decirla a medias o disfrazarla.

La sinceridad de los niños

En un reino muy antiguo se presentó un pícaro sastre ante el rey, que había ofrecido muchas monedas de oro al artesano que le confeccionara el ropaje más elegante y original. El sastre tomó las medidas del soberano y le aseguró que, al día siguiente, tendría la mejor vestimenta que rey o emperador alguno había lucido jamás.

La tarde siguiente se presentó con un gran estuche sobre sus brazos:

–Antes de abrirlo, majestad, le haré una declaración muy importante. La bellísima tela utilizada y los finísimos hilos de las costuras, los delicados botones y las riquísimas puntillas, además de formar en su conjunto un ropaje majestuoso, tienen una especialísima característica: sólo pueden ser vistos por seres honestos, generosos, leales; son totalmente invisibles para las personas que carecen de estas virtudes.

Un murmullo de asombro se produjo entre los cortesanos, y al rey le brillaron los ojos por este nuevo recurso que se le presentaba para saber en cuáles súbditos podía confiar.

–¡Abre pronto esa caja, buen hombre, que estoy ansioso por ver tu trabajo!

El sastre abrió la caja. El rey contuvo un gesto de sorpresa: no veía la ropa, pero no podía mostrar ante la corte que no tenía las virtudes necesarias para verla.

–¡Hermoso trabajo has realizado, buen hombre! Haré que ya mismo te entreguen la paga, e iré a mis aposentos para cambiar mi ropaje. Al rato, el rey avanzaba ante una corte azorada: nadie se atrevía a decirle a su vecino que veía desnudo al rey; por lo tanto, éste oía a su paso cosas como: *"¡qué bien luce!"*, *"¡qué hermosa capa!"*, *"¡qué finos bordados!"*, *"no existe rey alguno tan elegante como el nuestro"*.

De pronto, un pequeñito salió de entre los cortesanos, se paró sobre la roja alfombra, frente al rey, y, señalándolo con una sonrisa, dijo:

–**¡El rey está desnudo**!

De esta forma se acabó el engaño, porque todos se dieron cuenta de que el niño, en su inocencia, que no sabía de conveniencias ni de mentiras para ganar favores, había dicho la verdad, una verdad clara y sencilla como todas las verdades.

La sinceridad no admite falsedades, traiciones ni engaños. La inocencia es un estado de sinceridad total.

Las pequeñas mentiras

¿Escucharon alguna vez decir: "fue sólo una mentirita"? Justificar algo incorrecto porque lo hicimos en pequeña escala no es legítimo.

Los pequeños males que se repiten pueden convertirse en grandes males.

Hay enfermedades a las que no les damos importancia porque no matan, aunque son más peligrosas que las grandes enfermedades, que nos alertan desde el principio y nos dan la oportunidad de defendernos de ellas.

Además, se dice la verdad o se miente. La veracidad no admite mentiras grandes ni pequeñas. No admite disimulos ni verdades a medias.

El hombre veraz es premiado con algo invalorable: la confianza de los demás.

En cambio, es muy difícil creerle a un mentiroso, porque nunca se sabe cuándo está diciendo la verdad y cuándo está mintiendo. Quien miente una y otra vez corre el riesgo de que llegue el día en que diga la verdad más sincera y, sin embargo, nadie le crea.

Así le sucedió al pastor de la fábula, al que un día se le ocurrió gritar que se acercaba el lobo, a raíz de lo cual todos los pastores acudieron en su ayuda para evitar que sus ovejas fueran devoradas. Al llegar junto al bromista, se dieron cuenta de que el lobo no estaba. Una y otra vez, el pastor mentiroso volvió a engañar a sus compañeros. Hasta que un día (ya lo imaginarán) gritó y gritó que se acercaba el lobo y nadie le creyó, nadie fue a ayudarlo. Ese día decía la verdad.

Quien miente pierde la credibilidad. Aun cuando luego diga una verdad, ya no será creído por los demás.

"Las verdades más grandes, por lo general, son las más sencillas."

Malesherbes

Deformar la verdad o decirla a medias también es mentir.

Nadie es dueño de la verdad. Aprendamos a escuchar a los otros.

Preparémonos para recibir siempre la verdad de frente.

"En boca del mentiroso, lo cierto se hace dudoso."

Refrán popular

La verdad nos puede dar alegría o dolor. Pero siempre es positiva, porque nos deja una experiencia, ¡nos hace crecer!

Tomás el mentiroso

(CUENTO)

A las cinco de la tarde vendrá el gato a comerse a los ratones –dijo Tomasito.

Se cerraron las puertas. Los ratones estaban temblando y comiéndose las uñas de las manos y de los pies.

–¿A qué hora dijiste que vendrá hoy el gato? –le preguntaron.

–A las cinco de la tarde –respondió Tomás categóricamente.

Había una expectativa tremenda. El gato tenía grandes dientes y una boca donde entrarían cuatro ratones con comodidad. Las puertas habían sido aseguradas con hilo de coser y gomitas de farmacia. Los ratones apagaron los faroles para que el gato no los viera, se bañaron para que no los oliera y aguantaron la respiración para que no los oyera. El reloj "cucú" marcaba las cinco menos dos minutos; faltaban ciento veinte segundos tan sólo para que llegara el gato con su maullido terrorífico y sus garras despanzurradoras.

–Virgencita de los milagros –imploró una ratona anciana–, no permitas que el felino me coma. Te lo pido por mis nietecitos.

Los nietecitos estaban metidos en el fondo de la cama. No se veía de ellos más que los zapatitos bajo la mesa de luz. A las cinco y un minuto de la tarde todavía el gato no había aparecido.

–¿Qué puede haberle pasado al gato, Tomás? –preguntó un ratón.

–Se habrá olvidado –dijo un segundo ratón.

–Se habrá arrepentido –dijo un tercero. –Habrá reventado –dijo un cuarto.

Mientras se limaba las uñas, Tomás respondió:

–Era mentira.

–¿Mentira? ¿Quiere decir que el gato no vendrá, que fue un invento tuyo, que estamos temblando de miedo por nada?

Tomás sonrió benévolamente y, mientras sonreía, saltó por la puerta de la cueva como un corcho de sidra.

–No vuelvas a esta cueva, ratón mentiroso –le dijeron, cerrando de un portazo.

Y allí fue Tomás, arrepentido de ser un vulgar ratón mentiroso. Todos lo despreciaban porque sus mentiras no hacían bien ni divertían. Golpeaba en otras cuevas, pero no le abrían.

¡Quién no estaba enterado de que Tomás era un mentiroso!

El gato mismo lo veía pasar y le sacaba la lengua despreciativamente.

–Mentiroso –le decía. Y no pensaba en perseguirlo por temor a contagiarse y terminar tan mentiroso como él.

Tomás se miró en el espejo de una lata de sardinas y se puso a llorar. Pero solamente le salieron lágrimas de cocodrilo. Lloró con fuerza, berreó con toda la potencia de sus mentirosos pulmones. Hasta que sus amigos de la cueva se apiadaron de él.

–Está bien, Tomás, por esta vez puedes pasar. Pero no vuelvas a mentir porque es muy feo y nadie te querrá. ¿Está claro?

Tomás dijo que sí con la cabeza. De la mano lo condujeron a la cueva y lo sentaron en la alfombra. Tomás hipeó y se sonó con su mentiroso pañuelo. Cuando ya estaba más tranquilo dijo:

–El gato vendrá a las seis de la tarde.

Alfredo Parra

Verdades de Perogrullo

Hay personas que, poniendo cara de sabias, se dirigen a quienes las oyen como si fueran a decir una frase genial, una gran profecía, y terminan diciendo una verdad tan obvia, tan requeteconocida por todos, que es innecesario y hasta tonto afirmarla. En estos casos se dice que esas personas han dicho una verdad de Perogrullo o una "perogrullada". Hubo una copla popular que, muy risueñamente, comentaba así el caso:

"Son éstas las profecías de Perogrullo, que a la mano cerrada llamaba puño."

¿De dónde proviene el nombre "Perogrullo"? De un personaje creado por la fantasía popular española, que lo ubicaba en el siglo XV y lo llamaba Pero Grullo. También en Francia se habla de un personaje muy parecido, llamado monsieur de La Palisse, de quien se dice, parodiándolo, que "el día que murió fue el último de su vida".

CONFERENCIA
TEMA:
LOS GATOS TIENEN CUATRO PATAS

"Más vale callar la verdad que disfrazarla."

Richter

"El lenguaje de la verdad es sencillo, como ella."

Esquilo

"Los que tienen qué temer huyen del que canta claramente la verdad."

Juvenal

Verdadero es lo que siempre existe. La verdad nunca se oculta hasta el punto de no conocerse sus huellas."

Quintiliano

ACTIVIDADES

Para reflexionar, debatir, expresarse, crear...
y construir un mundo mejor entre todos.

¿QUIÉN ES SINCERO?

Analicen las siguientes actitudes y establezcan cuál refleja autenticidad y sinceridad (☺) y cuál lo opuesto (☹).

	☺	☹
Dice lo que los demás esperan que diga.		
Dice lo que le conviene, de acuerdo con la ocasión.		
Dice lo que piensa.		
Dice lo contrario de lo que piensa.		
Dice una parte de lo que piensa.		
Disfraza lo que piensa.		

¿QUÉ LES DIRÍAN?

¿Qué mensajes le darían al pastorcito mentiroso, al avestruz y a todos aquellos que se niegan a decir o aceptar la verdad?

¿Les parecen actitudes inteligentes?

¿Por qué?

● Les proponemos que cada uno escriba sus propios mensajes y luego los compartan entre todos.

> No pierdan el tiempo haciendo como el avestruz, que se niega a aceptar la verdad, porque **LA VERDAD SIEMPRE TRIUNFA.**
>
> Marta Arón

ARMAMOS PUZZLES

Ensamblen las piezas que encajan entre sí, lean las frases que armaron, transcríbanlas, reflexionen sobre ellas e intercambien opiniones.

EL QUE VENCE EL TEMOR

SE GANA LA CONFIANZA DE LOS DEMÁS

EL QUE TIENE TEMOR

ES VALIENTE

A DECIR LA VERDAD, A HABLAR CLARO, A LAS CRÍTICAS, A LOS RETOS, AL QUÉ DIRÁN...

A DECIR LA VERDAD, A HABLAR CLARO, A LAS CRÍTICAS, A LOS RETOS, AL QUÉ DIRÁN...

DESPIERTA DESCONFIANZA EN LOS DEMÁS

QUIEN MIENTE REITERADAMENTE

ACTÚA COMO EL AVESTRUZ

QUIEN DICE LA VERDAD

CONFECCIONAMOS CARTELES

Divídanse en grupo, elijan alguna de las frases contenidas en los puzzles (o inventen una) y utilícenla en carteles para exhibir luego en la escuela.

UNA VERDAD A MEDIAS ES CASI UNA MENTIRA

SOPA DE LETRAS

Descubran en esta sopa de letras valores morales asociados con la VERDAD:

```
X K N P T E C Y J T G V S F W
F U W T W Q E T V Z A L V Ñ Q
D J I Y N Y U U K V A X B A P
N G W N T S C O R A J E Q L S
K O C A U T E N T I C I D A D
A Y C H R Z Z K K C D L B Z V
C P B O Ñ F Q M L O M R A L A
M Ñ L G A Q B U O N R U V Z L
Q A G N E R P L H F Ñ W V U E
V A X H O N E S T I D A D J N
J W P Q E K D O N A R H U L T
F T C M I B Q E P N D Z L N Í
F R A N Q U E Z A Z Z G M W A
Q N X X S F L I J A Y R D U J
S I N C E R I D A D S F F P B
```

SINCERIDAD
FRANQUEZA
AUTENTICIDAD
VALENTÍA
CORAJE
VALOR
HONESTIDAD
CONFIANZA

REFRANES

Del refranero popular elegimos los siguientes refranes para que los interpreten, los comenten y reflexionen sobre el mensaje que encierran.

La mentira tiene patas cortas.

La verdad permanece, la mentira perece.

Aunque la mona se vista de seda, mona se queda.

En boca del mentiroso, lo cierto se hace dudoso.

OPINAMOS

En forma grupal reflexionen e intercambien opiniones sobre las siguientes actitudes. Luego indiquen con cuáles están de acuerdo (☺) y con cuáles no (☹), fundamentando sus respuestas.

	☺	☹
Actúa tal como piensa.		
Teme dar la cara a la hora de la verdad.		
No imita conductas negativas.		
Disfraza la verdad para ganarse la simpatía de los demás.		

	😊	☹️
Actúa como el avestruz.		
Es firme en sus convicciones.		
Miente por diversión, para burlarse de los demás.		
No se deja llevar por chismes ni habladurías.		
Le asusta decir la verdad por temor al reto y la crítica.		
Asume sus errores con sinceridad y pide perdón.		

RECREAMOS UNA HISTORIA

Les proponemos recrear, con cambios, la historia del rey y el sastre que relatamos en este capítulo. ¿La recuerdan? Además de ser bastante divertida, es un buen ejemplo de lo que algunas personas pueden hacer en su afán por quedar bien para obtener favores y beneficios.

La propuesta pueden desarrollarla en forma de historieta, cambiar la época, los personajes… ¡A crear!

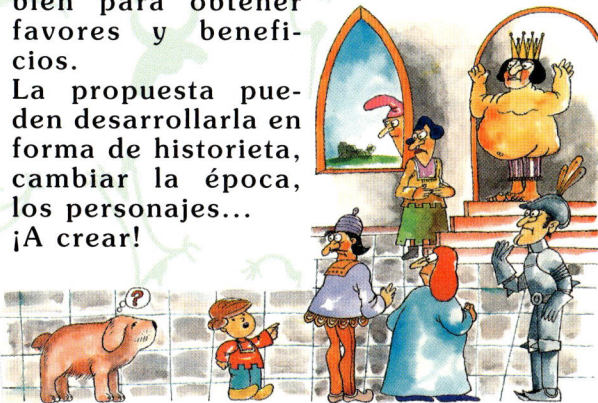

EL CAMINO DE LA VERDAD

La verdad se halla relacionada con diversos valores morales. La mentira, en cambio, está asociada con distintos antivalores o disvalores. Diferencia unos de otros, y une con lápiz de color los valores que conducen a la verdad:

SINCERIDAD
AUTENTICIDAD
ENGAÑO
MENTIRA
VALENTÍA
OCULTAMIENTO
CONFIANZA
ESTAFA
OBSECUENCIA
FRANQUEZA
BURLA
TRAICIÓN
HONRADEZ
SIMULACIÓN
HONESTIDAD
FALSEDAD
DESCONFIANZA
LEALTAD
COBARDÍA
RECTITUD
HIPOCRESÍA
NOBLEZA
CALUMNIA
VALOR
VERDAD

USAMOS EL DICCIONARIO

Busquen en el diccionario el significado de las siguientes palabras y utilícenlas para formar oraciones.

CALUMNIA: ....
HIPOCRESÍA: ....
SIMULACIÓN: ....
OBSECUENCIA: ....

> ES BUENO SABER QUÉ SE OPONE A LA VERDAD PARA ESTAR PREVENIDO Y ALERTA.

ADELGACE MÁGICAMENTE
DELGADEX
BAJE HASTA 20 KILOS EN UNA SEMANA

CON DELGADEX

ANTES

PROPUESTA EN TRES ETAPAS

CUENTEN → alguna situación en que alguien de la edad de ustedes haya tenido miedo de decir la verdad.

SEÑALEN → cómo harían ustedes para vencer el temor a decir la verdad.

REDACTEN → qué le dirían a los que tienen miedo de decir la verdad o de enfrentarse con ella.

● Formen grupos, elijan un producto, dialoguen sobre los recursos que aplicarían para venderlo y realicen un gran cartel publicitario.

● Luego, reflexionen entre todos y debatan el tema con la participación de un coordinador.

> NO NOS DEJEMOS "SORBER EL SESO": SI LA PUBLICIDAD FUERA REALMENTE HONESTA SÓLO SE LIMITARÍA A INFORMAR.

UNA DRAMATIZACIÓN

Les proponemos realizar la dramatización del cuento **"Tomás, el mentiroso"** que relatamos en este capítulo. ¿Les gusta la idea?

¡Hay mucho para hacer! En la clase de artesanía, algunos pueden preparar las máscaras para el gato y los ratones. Otros pueden agregar más diálogos o realizar cambios en el argumento. Luego de un par de ensayos, cuando todo esté listo, pueden invitar a sus hermanitos o a niños de otros salones. Así, los ayudarán a valorar la verdad y –al mismo tiempo– compartirán un momento agradable.

INVENTAMOS "PEROGRULLADAS"

En este capítulo les hablamos de las "verdades de Perogrullo", ¿lo recuerdan? Ahora les proponemos que jueguen a inventar "perogrulladas". Ahí van dos ejemplos:

El que está solo no tiene compañía.

El que miente falta a la verdad.

JUEGO Y DEBATE

TEMA:
¿Miente la publicidad?

● Jueguen a ser publicistas y respondan por sí mismos a la pregunta formulada.

ÚLTIMA REFLEXIÓN

Seamos francos y sinceros; no disfracemos la verdad ni la ocultemos. Pero tampoco cometamos el error de creer que somos dueños de la verdad o los únicos que tenemos razón; tal cosa nos impediría escuchar a los demás y conocer sus verdades. **Saber escuchar es indispensable para descubrir la verdad**.